JOURNAL DE ROUTE
D'UN GRENADIER

DE

L'ARMÉE INFERNALE (Joseph Péracaud)

1792-1793

MANUSCRIT INÉDIT

PUBLIÉ ET ANNOTÉ

Par Roger DROUAULT

CORRESPONDANT DU MINISTÈRE DE L'INSTRUCTION PUBLIQUE

POUR LES TRAVAUX HISTORIQUES

LOUDUN
IMPRIMERIE A. ROIFFÉ

1902

JOURNAL DE ROUTE
D'UN GRENADIER
DE
L'ARMÉE INFERNALE
1792-1793

MANUSCRIT INÉDIT

PUBLIÉ ET ANNOTÉ

Par Roger DROUAULT

CORRESPONDANT DU MINISTÈRE DE L'INSTRUCTION PUBLIQUE

POUR LES TRAVAUX HISTORIQUES

LOUDUN
IMPRIMERIE A. ROIFFÉ

—

1902

A MON CAMARADE D'ENFANCE

VICTOR FOURNIER

CAPITAINE D'ARTILLERIE

ATTACHÉ A L'ÉTAT-MAJOR DE L'ARMÉE

Affectueux Hommage

JOURNAL DE ROUTE
D'UN GRENADIER

De l'Armée Infernale

(1792-1793)

Le journal que nous publions a été trouvé dans les papiers d'un berrichon, Joseph Péricaud, qui prit part aux campagnes de la première République : il est donc à croire qu'il en est l'auteur, mais nous ne pouvons l'affirmer d'une façon certaine, car ce document présente de notables différences avec des mémoires signés de Péricaud que nous avons rencontrés dans ces mêmes papiers (1).

Cependant divers rapprochements nous inclinent à considérer ces derniers comme n'étant pas d'une rigoureuse exactitude ; nous ne citerons qu'un seul fait : dans ses mémoires, Péricaud s'étend complaisamment sur ses blessures que ne mentionnent ni le journal, ni ses certificats de service. Nous ajouterons qu'ils ont été rédigés près d'un demi-siècle (2) après les événements qu'ils relatent. Péricaud avait alors 65 ans : ruiné, aigri par la mort des siens et la

---

(1) Très obligeamment communiqués par M. Paul Roux, de Saint-Sulpice-les-Feuilles, à qui nous adressons tous nos remerciements.
(2) En 1838.

maladie (1), il cherchait dans la rédaction de ses mémoires, où se reflète l'influence de ses lectures, une diversion à ses malheurs ; il n'est donc point inadmissible que, tout en restant sincère, par une sorte de mirage, d'auto-suggestion assez fréquente chez les vieillards pour les aventures de leur jeunesse, il ait pris pour réels des événements qui n'existaient que dans son imagination. Au reste la personnalité du rédacteur de ce journal importe peu, l'état matériel du manuscrit étant un sûr garant de son authenticité.

Péricaud était né à Saint-Benoît-du-Sault (Indre), le 30 août 1773, de Jacques-Joseph, chirurgien, et d'Anne Bastide ; son père, qui voulait l'établir comme procureur dans cette petite ville, siège d'importantes juridictions féodales, l'avait placé chez un notaire ; mais la Révolution, en supprimant les justices seigneuriales, une des plaies de l'ancien régime (2), bouleversa ses projets. Péricaud se sentit alors la vocation commerciale ; pour la suivre, il se rendit à Paris, au commencement d'août 1791, et entra dans une maison de mercerie de la rue Saint-Denis.

Enrôlé de suite dans la garde nationale, section des Lombards, il fut affecté à une compagnie de grenadiers. Avec elle, il se trouva de garde aux Tuileries le 10 août 1792 et assista à leur pillage. Dans ses mémoires, il n'indique pas le rôle joué par le bataillon des Lombards, mais à la suite des massacres des 2 et 3 septembre, celui-ci fut suspecté de royalisme ; aussi le commandant, M. Bouvier, jugea-t-il prudent de quitter Paris. Il réunit ses hommes le 5 suivant dans l'église de Saint-Jacques de la Boucherie, et, tout en leur exposant les dangers qu'ils courraient en

---

(1) A part la partie consacrée à ses campagnes où Péricaud a intercalé l'histoire de ses amours avec sa « tendre amie », une belle Provençale, ces mémoires ne contiennent que des récriminations contre les hommes et les choses du temps.
(2) Cette suppression est regrettée amèrement par Péricaud dans ses mémoires, ce qui ne l'empêche pas, quelques lignes plus bas, de tonner contre les gens de justice, « ces vers rongeurs du corp sociale ».

restant à Paris, il leur montra que leur devoir était de marcher à la frontière où déjà on se rendait en foule. Cette motion fut acceptée avec enthousiasme et de suite le bataillon de marche ainsi formé procéda à l'élection de ses officiers : M. Bouvier fut maintenu commandant et M. Mercier nommé capitaine de la compagnie à laquelle appartenait Péricaud.

Le lendemain, ils se réunirent dans cette même église d'où ils partirent pour Valmy et Jemmapes.

Mal accueilli par les troupes déjà aguerries, mais déguenillées, assemblées à Châlons, le bataillon des Lombards, désigné dédaigneusement sous le nom de *bataillon aux bas de soie*, montra bientôt qu'il n'en céderait pas à ses aînés.

Peu de temps après son arrivée, Péricaud, un grand et fort gaillard, 1^{m}77 disent ses signalements, fut versé dans un corps d'élite organisé, sous le commandement de Stengel, pour servir d'avant-garde à l'armée du Nord. La valeur et la résistance à la fatigue de cette troupe lui valurent le surnom de colonne ou *armée infernale*.

C'est au cours d'un assez long cantonnement dans un vilain village du Palatinat, Weisweiler, que notre grenadier, sans doute pour tromper les ennuis de l'hivernage, commença la rédaction de son journal qu'il continua ensuite presque jour par jour.

Celui-ci est écrit sur un mince cahier de papier bleu (1), de ce bleu particulier que connaissent bien tous ceux qui s'occupent de la période révolutionnaire. Il comprend 24 pages écrites et 8 en blanc, sans compter la couverture sur laquelle, postérieurement, Péricaud a conté les événements du 10 août 1792.

On remarquera qu'à part les doléances sur les misères et les fatigues de la campagne, ce récit est absolument impersonnel : il ne contient aucun renseignement sur l'individualité de l'auteur, ses grades,

---

(1) Le filigrane porte les lettres F. E. T. et une licorne rampante appuyée sur un piédestal formé de boules.

ses aventures. Ce n'est donc en somme qu'un simple journal de route des grenadiers des Lombards, sur lequel on suivra, étape par étape, les marches de l'avant-garde, et, plus tard, au moment des revers, de l'arrière-garde de l'armée du Nord.

Ce petit cahier n'a pas la prétention d'apporter à l'Histoire des faits inédits ; plus modestement, il se contente de constater, après mille autres, la valeur et l'endurance de notre race, non pas par la plume experte d'un chef commentant son œuvre, mais par une plume inhabile, remplaçant, pour un instant, le fusil aux doigts d'un humble soldat, qui s'efforce de fixer, en un style informe, ses impressions toutes matérielles. Ces incorrections mêmes viennent encore augmenter le charme poignant (1), l'impression de sincérité qui se dégagent de ces lignes griffonnées, entre deux coups de feu, au bivouac ou au cantonnement, sur le genou ou au coin de quelque table : c'est le peuple-soldat qui nous dit ses souffrances et ses joies.

Nous publions ce manuscrit en lui conservant toute la saveur de son orthographe fantaisiste : « J'observe, écrit Péricaud dans ses mémoires, que n'ayant appris ni grec, ni latin, que je ne suis pas un érudit, que je ne suis pas nont plus un historiographe, ni grammérien, ni réthoricien, je prie le lecteur de ne pas s'arrêter aux fautes que j'ai fait, soit d'orthographe ou de mots. »

Nous accéderons à sa prière et nous ne conserverons de ses récits que le souvenir du terrible élan d'énergie qui permit à nos ancêtres de sauver leur Patrie et la Liberté menacées par l'Europe coalisée.

Roger DROUAULT.

---

(1) Témoin le récit de ce *raid* effectué le 20 janvier 1793 en plein pays ennemi.

Cahier fait à Wesviler le 7 janvier 1793.

Route des grenadiers des Lombard partie de Paris le 6 7ᵇʳᵉ 1792 (1), commendé par le capitaine Mercier.

1792, septembre 6. — De Paris au bourg de Clay; faute de logement au village de Vinoy.
 7. — A la ville de Meaux, capital de la Brie.
 8. — A la Ferté-sous-Jouard, jolie petite ville.
 9. — A Château-Tiery, ville où nous avons séjourné et passé la revue du commendant de bataillon le 10.
 11. — A la pettite ville de Dormant, assé jolie endroit.
 12. — A Epernay, ville de Champagne.
 13. — A Chalons-sur-Marne, département et chef-lieu de Marne. (2)
 14. — Séjourné à la ditte ville.
 15. — Au vilage de Courtison, à 3 lieu de Chalons.
 Du 15 au 16. — Dans la nuit nous eûmes ordre de nous replier sur Chalons; nous arrivâmes à 2 h. du matin devant la porte de cette ville et nous y restâmes en bataille jusqu'à 6 heures du matin. Nous traversâmes la ville et fûmes campé sur une montagne en deça de la ville. (3)
 17. — Resté campé sur la ditte montagne.

---

(1) Le 5 de ce mois partit de Paris un tapissier du nom de Bricard qui a laissé un intéressant journal de route publié par M. Lorédan Larchey : *Journal de route du canonnier Bricard*, 1792-1802. Paris, Delagrave, 1891.

(2) C'était sur Châlons qu'on dirigeait les volontaires, qui, chaque jour, par troupes de 1500 à 2000, partaient de Paris.

(3) Bricard raconte que le 15 un détachement du bataillon des Lombards faillit faire feu sur la troupe à laquelle il appartenait.

18. — Nous partîmes pour Sainte-Menould ; la nuit nous prit en route et fûmes obligé de nous couché dans un champ à deux lieu de la ditte ville sur quelque botte de paile.

19. — Nous partîmes à 4 heure du matin pour campé à Sainte-Menout où nous arrivâmes à midy acablé de fatique et pasâmes la revue du général en chef qui étoit M. Dumourier, ainsi que des autres généraux, où il nous recommanda de ne point faire de motion, étant sans pain depuis Chalons, le sac sur le deau, jusque à 7 heures du soir ; nous reçûmes ordre de campé et tendîmes aussitôt nos tentes, mais elles ni restèrent pas long'temp, quar sur les onze heures du soir, il fallu les abattre et partir de suite par un temp afreux.

20. — Nous étant mis en marche, nous marchâmes jusqu'à 8 heure du soir en faisant des contre marche pour cerner l'ennemi pendant que le combat se donnoit ; le feu commença à 6 heures du matin et ne fini qu'à 8 heures du soir ; nous arivâmes enfin croté, mouillé à la Neuville-au-Pont et fûmes obligé de bivaquer la nuit par une pluie afreuse. (1)

21. — Nous montâmes sur une auteur où nous restâmes en bataille jusqu'à midy ; nous suivîmes notre route et fîmes beaucoup de marche et contre marche dans les terres labourée et les chemins les plus afreux ; pour comble de bonheur, nous eûmes sans cesse la pluye sur le corp ; nous arivâmes enfin sur les 4 heure du soir à notre destination où nous crûmes nous y délassé, mais quelle fut notre surprise, lorsque nous montâmes sur une hauteur ou nous bivaquâmes pendant six jours qui sont le 21, 22, 23, 24, 25, 26, la pluie sur le corp, jour et nuit, sans decessé d'un instant : nous étions si fatiqué, si abatu que nous reposions dans les eaux qui s'amassoient dans les sentiés des terres labourée.

23. — Les Prussiens nous ataquèrent au dit bivaque sur les 2 heure après midy ; nous ne perdîmes personnes de cette afaire qoique les boulets de l'ennemi ne tomboient pas à plus de 10 pas derière nous. Nous leurs démontâmes une pièce de canon et leurs tuâmes plusieurs hommes. Cette afaire dura jusqu'à 6 heures du soir et ce

---

(1) Il s'agit ici de la fameuse bataille de Valmy qui montra la valeur des *savetiers* et des *tailleurs* composant l'armée.

fut la dernière que nous ûmes avec les Prussiens, qoique nous n'étions pas éloigné d'eux d'un quart de lieux d'eux pendant 2 jours.

26. — Nous partîmes pour Vienne-le-Châtau où nous restâmes 4 jours dans l'église, qui furent les 26, 27, 28, 29.

29. — Un détachement prit aux ennemis 17 voitures de bagage et 24 prisonniers dont parmi étoit 2 emigré.

30. — Nous partîmes de ce bourg pour retourner au camp de la Neuville-au-Pont où nous bivaquâmes sous des pomiers dans des cabannes que nous construisîmes avec des branches de saules que la pluye et les vends abatirent par leur impétuosité.

31. — Nous bivaquâmes au même endroit.

Octobre 1. — Nous avons bivaqué au dit endroit.

2. — Nous partîmes de cette endroit pour aller campé en avant de Vienne-la-Ville, mais nous fûmes encore trompé : le campement que nous espérions se réduisit à un bivaque aussi désagréable que les précédents.

3. — Nous partîmes de cet endroit pour aller cantonner dans le village de Servant ; y étant arrivé nous nous sommes trouvée heureux d'estre réfugié dans l'église de ce village pendant les deux nuits que nous y avons passé ; l'emplacement étoit si considérable qu'une partie de nous furent obligé de se retirer dans la chair, dans les confesionaux et même sur le maître-autel où l'on fut obligéz de dormire. Notre situation ne laissait pas que d'estre agréable : le jour nous alions passé la journé sur une montagne où les Prussiens avoient campé et retournions le soir ; dans ces deux jours nous vîmes les commissaires de notre section que l'on nous avoit envoyé pour prendre des connoissance, ou, pour mieux dire, s'informer des fauts bruits que la jalousie avoit fait courir contre nous ; de pareilles imprécations ne furent pas longtemp à être anéantie par une juste justification que notre brave général Dumourier fit mettre à l'ordre dans tous les bataillons de son armée et autre. (1)

Le 4 et le 5 nous restâmes dans la ditte église.

6. — Nous partîmes pour Cornet ; nous traversâmes la forest d'Argonne et montâmes la côte de Bièvre ; cette

---

(1) On les avait dénoncés à la Convention comme ayant favorisé, les 23 et 24 octobre, le passage des convois de vivres destinés à l'armée prussienne et escortés par des émigrés.

côte, par sa hauteur, ne fut pas moins fatiguante que le chemin de la forest, qu'à peine notre lasitude permetoient d'en sortir par la fim que nous avions d'estre depuis deux jours sans pain, ainsi que la pluie continuelle qui faisoient. Nous arivâmes enfin à un village qui se nomme Cornet; dans ce dit village il y a une hauteur où l'on peut voir Grandpré et cette endroit produit considérablement de fruis, particulièrement des poires ; nous y avons séjourné le 7 et le 8 et avons passé la revue de commissaire le 8.

9. — Nous en partîmes à 4 heures du matin pour aller au Chêne-le-Populeux, distance de 7 lieu ; ici fut la journée la plus cruelle et la plus pénible que jamais soldat né supporté dans les plus grands dangers que peut causer le cruelle fléau de la guerre ; depuis l'instant où nous nous mîmes en route jusqu'au moment où nous arivâmes au Chêne-le-Populeux, nous ne cessâmes pas de marcher dans les chemins les plus afreux et les plus dangereux qui se présentent à la vie humaine, la pluie sur le corp, sans cesse dans des terres, là où on enfonçoit jusque à cinture, par conséquent dans la boue la même chose, et pour comble de nos meaux nous arivâmes enfin aux Chêne tous égaré, perdue et forcéz de ne pas pouvoir coucher au dit endroit ; notre fatique étoit si grande que plusieurs camarades furent contraint de passer la nuit dans un bois, ne pouvant se donner aucun secours les uns aux autres, ont eu la douleur d'y voir périr 4 camarades ; ceux à qui les forces ne manquèrent pas encore on marcher jusqu'à minuit pour aller à 3/4 de lieu plus loin que le Chêne : c'étoit à une abbaye (1) nommé Longois qui pouvoit contenir au plus la moitié d'homme que nous étions ; les meaux de ses derniers étoient plus grands que ceux des premiers à qui les forces avoient menquée et obligé de rester au Chêne lorsqu'ils étoient prêt de leur endroit ; à peine la nuit obscure leur permetoient-elle de se voir pour se rallier chacun à son bataillon ; on fut obligé de s'apeller à grands cris et même tirer le fusils pour indiquer le point de raliment afin de ne pas aller plus loin.

10. — Le général nous fit mettre sous les armes pour que les appelles soyent faite exactement et qu'il soient vu tous ceux qui n'avoient pas pu suivre ; le nombre de

---

(1) Cette abbaye était déjà occupée par les grenadiers du régiment de Poitou qui firent à Péricaud un chaleureux accueil; ceux-ci furent dans la suite dirigés sur l'armée du Rhin.

ses derniers fut conséquent, mais il n'y avoit point d'autre remède que celui de nous laisser reposer. Ce qui fut éxécuter par le général; lorsque nous vîmes le matin, à peine nous reconnoissions-nous : nos habits, nos armes et nos corps étoient si remplis de boue que nous étions entièrement méconnoissable.

11. — Nous passâmes la journée dans cette abbaye, alors tous ceux qui étoient en arrière eurent le temps de rejoindre; nous nous sommes trouvés obligés de coucher pendant deux nuits 850 hommes dans un grenier de cette abaye.

12. — Nous partîmes à 4 heures du soir pour venir bivaquer près de la grande route du Chêne-le-Populeux ; ce bivaque a été le plus cruelle que nous ayons eu, nous y arivâmes si tard que la nuit ne nous permit pas d'aller au bois.

13. — Nous campâmes au même endroit; la nuit fut si afreuse par la pluye et les vents que nos tentes ne purent tenir et nous garantir d'une si rigoureuse saison.

14. — Nous partîmes à minuit de ce camp pour aller cantonner au château de Montigny ; nous y arrivâmes à 3 heures appès midy accompagné du même tems que la veille, les chemins semblable à ceux du Chesne-Populeux: un petit pond sur lequel nous devions passer avoit été enlevé par les grandes eaux et nous obligea de passer une petite rivière à la nage, c'est-à-dire dans l'eau jusqu'à la cinture.

15. — Nous partîmes à midy et reprîmes enfin la grande route que nous avions quitter depuis Sainte-Menoud : nous fûmes coucher à Mézières et Charleville où nous restâmes un jour.

16. — Les deux villes sont séparées par la Meuse qui passe entre.

17. — Nous avons cantonné à Girondet, village à une lieu de Maubert-Fontaine.

18. — Nous fûmes à Oulrpon, village près Jerson (1); petite ville fortifier.

19. — Nous avons été à Origny, village à 1 lieu 1/2 d'Avesne, ville fortifier.

20. — Nous fumes à Sansbreton, village à une lieu de Landrecy.

---

(1) Hirson.

21. — Sommes partie pour le Quénoy, mais avons été à Bermerin, 7 jours ; ce village est à deux lieux du Quénoy, ville frontière.

27. — Nous partîmes et passâmes à Valencienne, ville frontière très fortifier ; nous allâmes camper au village du Caroux (1), près Quèvrechin (2), premier village d'Empire ; nous y restâmes 8 jours.

Novembre 4. — Dimanche. — La canonade a commencé à 1 heure près Quèvrechin ; l'ennemi fut repousser par notre avant-garde et débusqué du bois de Bossu (3) où il s'étoit réfugié ; ce bois étoient à deux lieu de notre camp. A cette époque, le général fit former un corp de grenadier qui depuis ce temp a toujours été l'avangarde. (4)

5. — Nous partîmes du camp à 4 heures du matin, nous furent cantonner au village de Carrouble à 3 lieu de Valencienne dans la pleine de Bossu où nous bivaquâmes près du bois portant ce nom.

6. — Nous avons attaqué l'ennemi avec plus de vigueur que les deux jours précédents : depuis 6 heures du matin jusqu'à 7 heures du soir, les bouches à feu ne cessant d'aller avec une si grande activité qu'il étoient impossible de pouvoir compter les coups qui se tiroient à la minute ; il en a été compter plus de 40 à la minute ; la mousqueterie dura 3 heure sans interuption ; jamais canonade, ny feu de fil ne fut plus conséquent ; nous nous emparâmes enfin de six redoutes, les unes plus fortes que les autres, ce ne fut pas sans peine, ni sans perdre beaucoup d'hommes que nous nous en retirâmes victorieux, puisqu'il est vrai que ce ne fut qu'à la troisième fois que nous montâmes à l'assaut ; notre courage redoubla et nous ne tardîmes pas à foncer la bayonnette en avant et nous donnâmes l'épouvante à l'ennemi qui prit promptement la fuite et qui ne

---

(1) Quarouble.
(2) Quievrain.
(3) Boussu.
(4) « Il y fut organisé un corps d'élite pour servir d'avant-garde à l'armé du Nord commendé par le général Dumourier ; ce corps désigné sous le nont d'armée Infernale se composait de dix mille hommes de grenadiers tirés de chaque régiment de ligne et de chaque bataillon de la garde nationale ; notre compagnie des Lombards fut incorporée avec celle de la Meurthe, de la Moselle et de la Sarthe et les compagnies des régiments de ligne de Foix, de Vivarais, de Vintimille et Bouillon. » *(Mémoires de Péricaud.)*

— 17 —

pu s'empescher de dire que jamais nation ne fut si hardi pour avoir osé attaquer un poste aussy avantageux que redoutable à ceux qui remportèrent la victoire. Ce combat fut livré dans le bois des Dames Sainte-Vendée dit le bois de Fleine, près du village de Jemape où plusieurs maisons furent incendiées par le feu du combat. Nous bivaquâmes la 2 nuit suivante à 1 lieu de Mons.

7. — Nous fûmes cantonnér dans le dit village et ce jour l'ennemi évacua la ville de Mons à 8 heures du matin. A 10 heures notre général y entra à la tête de nos troupes.

Le 8 et le 9 nous campâmes sur une montagne, en face la porte de Berthémont ; ainsi ce nomme la porte de Mons où nous avons fait notre entrée.

10. — Nous défilâmes dans la ville et fûmes campé près le bois de Saint-Vincent.

11 et 12. — Nous allâmes camper près le village d'Ouste.

13. — Nous partîmes pour Bruxelles et passâmes à une ville que l'on nomme Arse (1) ; nous ne devions pas y aller que le lendemain, mais une affaire qui s'engagea ce jour nous fit redoubler le pas si fort que nous fûmes obligé de faire deux lieux toujours en courant ; lorsque nous arrivâmes le soir aux portes de cette ville nous nous mîmes en bataille et quoique l'ennemi étoit en grand nombre, nous ne tardîmes pas à le forcer de ce retirer au delà de la ville (et les bourgeois de la ville aussitôt ouvrirent les prisons où étoient environ 900 camarades qui avoient été fait prisonniers que nous rencontrâmes sur la route et c'est là où la joie redoubla) ce qu'il fit pendant la nuit ; nous fûmes obligér de passer une nuit de bivaque infernal, près du village d'Enderlak (2), près Bruxelles.

14. — Nous traversâmes la ville et fûmes cantonné au village de Nossienne. (3)

15. — Nous revînmes sur nos pas, parce nous étions

---

(1) Sans doute Hal.
(2) Anderlecht. — Dumourier, qui avait quitté Mons le 11, se heurta le 13, avec une simple avant-garde, à l'ennemi établi à Anderlecht et faillit être enveloppé : avec beaucoup de présence d'esprit et de sang-froid, il déploya sa petite troupe de façon à donner aux Autrichiens l'illusion d'une armée, ce qui donna le temps aux siens de le secourir. (*Thiers*, p. 95.)
(3) Nosseghem.

trop exposé et étions contre les postes avancé campé contre le village de Veulé pendant cinq jours afreux.

20. — Nous levâmes le camp et fûmes couché à la ville de Louvain ; cette ville est ancienne, fortifiée ; on ni bois d'excellente bièrre, où nous couchâmes dans un espéce de cordegarde où il y avoit encore des quinze reliques de mort et fûmes très mal couché ; avant d'entrer à la ville, un quart de lieu, on nous avoit fait mettre en bataile et on se proposoit à nous faire bivaquer, mais le temp ne le permetoit pas, nous nous sommes récrié de ce que l'ont nous mettoit à la porte d'une ville sans nous i faire entré ; le commandant envoya ver le général et aussi ne tardîmes-nous pas à entré pour être aussi bien logé.

21 — Nous partîmes sur les 10 heures et à midy nous ûmes une afaire dans la pleine de Rosberk (1), qui ne dura que 3 heure ; nous perdîmes deux hommes et n'ûmes personne de blessé, mais l'ennemi n'en fut pas quitte à un aussi bon marché : plus de 600 hommes leur sont resté sur la place et 14 chariot de blessé ont passé à Tirlamont. Lorsque nous nous retirâmes dans un fond où nous nous disposions à passer la nuit, il survint aussitôt des ordre qui nous firent abandonné cet endroit et nous obligeant à revenir sur nos pas environ deux lieux ; nous fîmes ce chemin par un temps aussi affreux que désagréable, à peine pouvions-nous nous retirer dedans les boue ; nous arrivâmes sur les minuits à notre destination ; c'étoit dans un château où étoit le général ; nous y restâmes une partie de la nuit sans pouvoir nous coucher, ny nous asseoir et même sans feu. Sur les 4 heures du matin nous nous remîmes en route et fûmes bivaquer près d'un bois à une lieu de Tirlamont où nous restâmes jusqu'à minuit, toujours accablé de fatigue et de mauvais temp.

22. — Nous passâmes à Tirlemont et fûmes cantonné à Essemain (2), petit village éloigné de deux lieux de Tirlemont ou nous restâmes le 23.

24. — Nous partîmes à midy et passâmes à Saint-Tronc (3), 1er ville du païs de Liège et nous fûmes camper au delà de la ville.

25. — Nous fîmes deux lieux et nous campâmes par une gelée très forte.

---

(1) Rosbeek.
(2) Esemael.
(3) Saint-Trond.

26. — Nous partîmes de cette endroit et fûmes campé dans le camp que les Autrichiens venoient de quitté ; les feu du camp étoient encore alumé à une terre qui joint le village d'Ougnont ; il geloit très fort. Pendant la nuit, la neige a tombé si fort que le lendemain matin nous ne pouvions trouvé les piquets de nos tentes ; malgré cela il a fait très chaux sous la tente.

27. — Nous partîmes de ce camp à 7 heures du matin et fûmes nous rengé en batail à une lieu de là, mais l'ennemi étoit plus loin ; nous nous remetons en marche et nous trouvons en face : il étoit neuf heure ; nous commençâmes l'ataque. Nous n'étions que cinq bataillons de grenadiers et les tirailleurs, ainsi que la cavalerie nous pouvions ettre environ 8 mille hommes et l'ennemi pouvoit être 15 à 16 mille. Ce nombre ne fut pas fait pour nous en imposer, au contraire, notre courage en redoubla et nous soutînmes jusqu'à 4 heures après midy, heure à laquelle notre grande armé arriva et, se déployant sur trois nombreuse colonne, qui, donnant l'épouvante à l'ennemi, le força à se retirer. Sur les 11 heures fut le fort de l'action pour la mousqueterie : nous essuyâmes un feu de fil considérable ; l'ennemi étoit poste dans un village et caché derrière des hais, de sorte que notre position nous permetoient pas de riposter et nous fûmes obligé de nous mettre le genoux en terre pour faire place aux balles qui nous passoient au dessus des épaules et entre les oreilles. Ce qui nous fit plus de mal dans cette afaire, c'est que nous autres qui faisions la que d'une colonne et par conséquent, il y avoit une pièce de canon en face de nous, à 15 pas : les canoniers s'étant trop pressé chargèrent mal en metant la gardouche avant la poudre, ce qui donna le temps à l'ennemi à faire des feux considérable pendant qu'on déchargea la pièce, mais les pièces de droite nous furent d'un grand secours, ayant chargé à mitraile, ont eu bientôt dispersé et aussitôt l'ont nous fit avancer la bayonnette en avant. Ayant changé de position, les boulets qui nous étoient envoyer par l'ennemi tomboit à nos pieds et la terre si endurcie par la gellée qu'il avoit fait les jours auparavant, la terre couverte de neige, les faisoient rebondir et passer par dessus nos testes. Entre autre nous ûmes de singulier coup d'étonnant dans cette afaire ; nous ûmes la disgrace d'en voir un qui vint tomber à nos pieds qui se releva aussitôt, passa au dessus de nous et fut frapper le fusil d'un chasseur belge, autrement dit tiraleur, qui étoit dans un ravin derrière

nous, à qui son fusil fut coupé par la moitié, lui sen avoir de mal, mais trois de ses camarades furent tué du même coup ; une autre boulet prit un grenadier de Bouillon, qui étoit à son rang de bataille, qui avoit une marmite derrière lui, à qui il emportat la marmite sen faire de mal, mais ses deux camarades d'à côté de lui furent tué.

Ce ne fut pas là toute notre perte, ny la fin de nos douleurs, lorsque les tambours recommencent de nouveau à battre la chargent, nous arivâmes avec beaucoup de difficulté près d'un petit bois où l'ennemi s'étoit réfugié et nous atandoient avec plus d'avantage que nous n'en pouvions avoir. Cette musique de guerre nous encouragea tellement que nous parvînmes enfin à les débusquer d'un poste aussi avantageux et bientôt notre victoire fut complette ; nous allâmes cantonner cette nuit dans le village qu'ils possédoient le matin. (1)

28. — Le 28 à 5 heures du matin, l'ont nous fait mettre en marche pour aller rejoindre, mais eux n'ont pas voulu nous atandre, pendant la nuit se sont enfuit comme des voleurs et ont passé la Meuse et ont laissé plusieurs bataux chargé de différents choses que nous avons pris. Nous vînmes à 8 heures du matin aux portes de Liege ; nous ne pûmes y antré parce que le général n'y étoit pas ; nous fûmes obliger de l'attendre. Apres qu'il fût venu, nous entrâmes parmi les cris de : Vive la Nation Françoise ! et au son des cloches et des feu de joie que l'ont avoit allumé dans les rues ; nous traversâmes la ville et fûmes bivaquer sur une montagne, à la gauche de la citadelle de cette ville ; nous y passâmes deux nuits ; il étoit bien dure de bivaquer si pres d'une ville.

Le 30, notre général, qui étoit M. Chetingel (2), passat les cinq bataillons de grenadiers en revue et apres cela on nous demanda ce que nous avions besoin : nous répondîmes que nous ne voulions que nos congés : alors il nous fit lire par notre commandant une lettre du ministre qui

---

(1) C'est à cette affaire que fut tué le général Staray commandant l'arrière-garde ennemie. *Thiers*, p. 116.

(2) Henri Stengel, général né en Bavière et tué le 17 avril 1796 Les lettres adressées à Péricaud portent comme suscription: « au citoyen Péricaud, grenadier du bataillon des Lombards, 4° bataillon des grenadiers de l'avant-garde de l'armée de Dumourier, commandée par le général Chetingue ».

nous engageoient à resté et d'aller jusqu'au Rhin et que là nous orions nos congé. (1)

Décembre 1er. — Nous fûmes camper au dessus de Liège, au delà de la Meuse, près le couvent de la Chartreuse (2), où nous avons resté 8 jours et qu'il ne nous étoient pas possible ce jour-là de faire entrer en terre les piquets de nos tentes, tant la terre étoient endurcie et gelée.

9. — Nous levâmes le camp et prîmes la route de Erfe (3), dans le païs de Limbourd ; ayant été trop près des avant-postes ennemi, nous revînmes sur nos pas et passâmes au village de Chegné (4), où nous prîmes la route d'Espa (5) et allâmes cantonner au village de Lovigny (6), pay de Stavelot.

10. — Nous en partîmes à midy et fûmes cantonner au bourg de Theux près Spa ; il est à observer que ces pay ne sont que montagne et chemins afreux.

11. — Nous partîmes à 6 heure du matin pour marcher sur Vervier, ville du pay de Liège : les hauteurs énormes de cette ville sont prodigieux et étoient occupée par l'ennemi et il étoit bien difficile de les débusquer d'un poste aussi avantageux que celui-là ; cependant notre

---

(1) Péricaud, fatigué du métier militaire, songea à ce moment à quitter l'armée et il fit part de ses projets à son père qui lui répondait le 2 janvier 1793 : « Ji vois bien des obstacles : par un décret du 16 dernier, il est dit que tout volontaire qui quittera son drapeau avant la fin de la campagne prochaine sera noté d'infamie, à moins qu'ils n'aient des raisons majeures ou qu'ils se fassent représenter ; dans le cas contraire, ceux qui ne quitteront qu'après la campagne seront gratifiés de la Nation. Cette alternative te fera faire des reflexions : j'avoue que je serois bien aise que tu te rendes à Paris pour continuer ton état, mais je voudrais pas aussi que tu fus accusé de lâcheté et qu'à l'âge où tu es il y eut la moindre lueur de tache sur ta réputation ; c'est à toi à faire cet examen et dans le cas où tu persisterais à vouloir quitter ton bataillon, dans le cas où l'on t'opposat la loi dont je t'ai parlé, tu pourras observer qu'étant deux frères, tous les deux au service de la Nation et sur les frontières, ton devoir t'appelle, après avoir servi, comme tu as fait, ta patrie, à prendre ton état afin de soulager ton père à qui la nature t'oblige à penser. »
Thiers dit que l'armée de Dumourier, à son arrivée à Liège, était entièrement désorganisée : les soldats étaient presque nus ; faute de chaussures, ils s'enveloppaient les pieds avec du foin. Les volontaires, s'appuyant sur un décret de la Convention déclarant que la Patrie n'était plus en danger, désertaient par bandes. P. 240.
(2) L'emplacement de ce couvent est actuellement occupé par un fort nommé fort de la Chartreuse.
(3) Herve.
(4) Chênée.
(5) Spa.
(6) Louvegnez.

cantonnement devoit être dans cette ville, il falloit les chasser ; en conséquence nous braquâmes nos canons et le feu commença à 11 heures du matin, il fut suivi de celui de la mousqueterie qui dura trois heures consécutive ; nous perdîmes du monde dans cette afaire, mais nous parvînmes à les débuquée et nous poursuivîmes au delà de la ville, afin d'y être plus tranquile.

Nous cantonâmes les nuits suivante que nous y passâmes : elles furent le 12, 13, 14, 15 ; dans ces jours de repos, nous ûmes le 14 une allerte qui nous étonna un peu : le général à 8 heures du soir fit battre la générale ; aussitôt nous nous rendîmes sur la place de la ville et nous nous rengâmes en batail ; nous atendions à passer une nuit de bivaqne, mais pour le 1er bonheur que nous avons eu dans toute notre campagne, nous ne tardîmes pas à rentrer chacun dans nos logement ; l'alarme étoit fause, ou pour mieux dire, ce fut un coup d'essai que le général fit pour voir si nous serions prompt à prendre les armes lorsque le cas y échoiroit.

Le 16. — Nous partîmes de Verviers et fûmes cantonner à Henry-Chapelle. pay de l'Electorat de Linbourd ; c'es là le commencement du parlée allemand.

17. — Nous partîmes à 4 heures du matin ; nous arivâmes à Aix-la-Chapelle, ville fortifier et très bien situé où nous restâmes jusqu'au dix huit à midy.

18. — Nous partîmes pour le village de Roleden, pay d'Ollande, à trois lieu de Mastric (1) et 3 lieu d'Aix, où nous avons cantonné 3 jours : 19, 20, 21.

21. — Nous partîmes à 5 heures du soir pour aller au village d'Escheville (2), païs de l'Electorat du Palatinat, où nous arivâmes à minuit par des chemins afreux où nous sommes rester jusque au 24.

24. — Nous partîmes pour Wiswille (3) et y avons passé le jour de Noel qui étoit le 25 ; lequel jour nous avons été obligé, le matin à 6 heures, de prendre les armes parce que l'on craignoit que l'ennemi vint nous ataquer et nous avoit pris un poste avancé de chasseur de 6 hommes du 10e régiment à pied et avons aussi, ce même jour, passé revue de commissaire, lequel nous a lue un décret de la Convention Nationale que toute personne qui tanteroit de

---

(1) Maestricht.
(2) Eschweiler, sur l'Inde.
(3) Weisweiler, sur l'Inde, à 18 k. N. E. d'Aix-la-Chapelle.

— 23 —

relevé la royauté seroit puni de mort. Nous avons eu depuis deux autres alertes qui étoit fausse ainsi que la 1re. Nous y avons resté le 25, 26, 27, 28, 29, 30, 31 décembre.

1793, janvier. — Avons commencé l'année dans ce vilain village. Janvier suivant : 1, 2, 3, 4, 5, 6, 7, 8, 9. 10, 11, 12, 13, 14, lequel jour nous avons été obligé de prendre les armes parce que les dragons de la colonel général, ainsi que plusieurs bataillons de volontaires, qui sont à un village, qui est à une porté de canon de Wervhile, à 6 heures du matin, ataquèrent l'ennemi qui étoient dans deux villages à côté d'eux ; ce qui fit qu'ils eut beaucoup de mousqueterie de tiré et l'afaire a duré jusque à midy ; l'ennemi a été obligé d'abandonner les deux villages ; le même jour il est arrivé un trompete ennemi avec un parlementaire. Nous y avons passé les jours suivant dans un vilain temps à cause de la gelé et de la neige qui sont le 15, 16, 17, 18, 19.

Le 20, à trois heures du matin, il est partie un détachement de cent hommes de notre bataillon et chaque compagnie a fourni des hommes ; la nautre en a fourni onze qui sont Péricaud, Condeminal, Juquel, Martel, Dubois, Laroche, Guy, Tranoir, Delpit, Dufriche j°, Farnere. Notre détachement s'est rendue à Écheviller pour se réunir au détachement du 3e bataillon qui étoit composé de 50 hommes et deux compagnies de franqueur autrement dit basse compagnie du 1er bataillon de l'Aisne avec une compagnie de tiraleur belge, avec environ deux cent hommes de cavalerie, tant dragon que chasseur. Nous nous metons en marche à trois heures et demie du matin pour aller ataquer, pour mieux dire chassé l'ennemi qui était au village de Mont-Barye ; mais il étoit bien difficile d'y parvenir à cause du mauvais chemin et des postes ennemi qui sont près de cette route. Mais ayant pris de bon guide, il nous ont bien conduit : il y avoit beaucoup de neige sur la terre ; ils geloient et faisoient grand froid et avions les plus vilains chemain à passé qui n'eust jamais paru et avions cinq lieu de bois sans pouvoir sortir. Après deux lieux de marche, nous rencontrons une abaye de femmes qui étoit dans un fond ; l'ont fait avancer les tiraleurs et on sondent le terin : il n'y avoit personne ; nous continuons notre route toujours dans les bois et des montagnes à se cassé le coup sur la glace ; nous arivons à l'abaye de chanoine de Chanterbronne (1) où étant

---

(1) Sans doute Kalterherberg.

arrivé, nous croyons que c'étoit pour investir ce couvent, mais ce n'étoit pas sa : il nous falloit un guide et ne pouvions qu'en trouver là.

Les chanoines avoient fait fermer leurs portes, nous ne pouvions entrer; cependant, il y eut 3 ou 4 camarades qui montèrent par dessus les murs et alors on ouvrit la porte et nous fîmes marcher un cuisinier qui se trouvoit là pour nous conduire à un autre village à deux lieux de là. Etant arrivé à ce village, on envoit les tiraleurs pour sondé le vilage ; l'ennemi n'y étoit pas, mais les paysans du village c'etoit assemblé à la porte de l'église, armé de battons, de fourches, fusils et de pioche, pelles et de tout espèce d'instrument pour nous repouser, en cas que nous fusions peu de monde. Comme nous étions rester sur une montagne et qu'il nous voyoit pas, ils s'imaginoient qu'ils n'y avoit que les tiraleur et s'étoient déjà mis en deffense pour les battre, mais nous ayant vue paroitre, ils ont laissé toute leurs armes pour prendre la fuite pour se sauver dans les bois. Il y eut un tiraleur voulant en désarmer un, il ne vouloit rendre son arme, il lui fit entré sa bayonnette de six pouces dans le ventre et tomba comme mort, ce qui donna encore plus de peur aux autres. Le curé qui étoit après dire la mese, eu si grand peur, étant précisément à l'élévation de l'ostie, qu'il laissa le Bondieu sur l'authel et se sauva tout habilier.

Nous poursuivîmes ce village et arrivâmes au village de Mont-Barye où étoient l'ennemi ; mais ce village n'est entouré que de montagnes prodigieuses tout autour et une rivière du côté où étoit l'ennemi qui séparoient le village : ont fait rangé la cavalerie en batail derrière et toute l'infanterie sur le bord de la montagne. Le commandant demande une compagnie de grenadiers pour tiralier, mais tous les grenadiers dirent qu'ils vouloient y allé. Aussitôt étant descendue dans le village nous nous dispersons derrière les arbres et les aies et faisons des feux sans discontinuer; l'ennemi qui n'étoient pas en force se sauvoient derrière les hays sur la montagne ; malgré leurs soins (?) ils ont eu cinq à six personnes de tué; mais nous ne savons pas le nombre des blessés et nous n'avons eu qu'un chasseur belge de blessé.

Le commandant quand il vit que l'ennemi se sauvoient, nous fit sortir du village et remonter sur la montagne ou étoient les francques et la cavalerie ; nous ne fûmes pas plutôt arrivé que nous vîmes, sur la montagne où ils s'étoient sauvé, arivé des détachement de cavalerie et d'infanterie en quantité et à droite du village nous vîmes une colonne qui venoient pour nous enveloppé ; aussitôt l'ont nous fit faire demie tour à droite et partîmes. Nous reprîmes notre même route, parce que nous n'en avions pas d'autre et étions entouré de tous côté de l'ennemi ; c'est si vrai, c'est que nous étions entré chez eux de trois lieux. Ils ne savoient pas qui nous avoient porté là, ni de quelle armée nous étions. Ont a fait cela pour les inquiéter et pour qu'ils lessent nos postes avancé tranquile. Nous passâmes à ce village où les paysans avoient pris les armes contre nous ; l'ont fit main basse sur les poules et sur toutes les volailes que l'ont trouva ; de là nous nous rendîmes à l'abaye où on nous avoit fermé la porte. Le commendant fit distribuer de la bière et de l'audevie à ceux qui en vouslurent et là on nous dit que chacun pouvoient se rendre à son logement ; nous nous y rendîmes à 8 heures du soir, nous étions si fatiqué que nous ne pouvions à peine marcher. Je ne peu paindre le mal que nous avons essuié dans cette malheureuse journée.

Nous avons continué notre cantonnement qui sont le 21 ; le 22 à 5 heure, ont fit battre la général ; aussitôt nous prîmes les armes et nous rendîmes à l'endroit ordinaire ; l'alerte fut, comme les précédentes, fausse, ce n'étoit que l'ennemi qui vouloit ataquer un poste dont il n'a pu réusir et rentrâmes à nos logement à 8 heures du matin, 23.

Le 24 nous sommes partie de ce village à 11 heure du matin, pour allé relevé le 3ᵉ bataillon de grenadier au village de Lengervie (1), à une lieu de Werviler et y avons passé les jours suivant qui sont le 25, 26. A six heures du soir, il est survenu une alerte qu'il a falu prendre les armes et avons été nous mettre en batail jusqu'au au du village pour attendre l'ennemi ; mais ayant été à la découverte, il s'est trouvé que l'ennemi étoit tranquile ; ont est resté sous les armes jusqu'à onze heures du soir et de là on s'est retiré à son logement et avons resté le 27, 28, 29, 30, 31.

Février. — Et avons commencé le mois de février, 1, 2, 3, 4, lequel jour avons été obligé de prendre les armes et d'allé nous rengé en batail au haut du village pour

---

(1) Langerwiche à 3 k. de Weisweiler.

protéger un bataillon de franqueurs et 2 escadron du 3ᵉ régiment de chasseur avec les tiraleur et 2 pièces de canon de 8 qui étoit en avant pour ataquer l'ennemi, lesquels ayant fait passer chez eux quelque boulet de canon, n'ont pas répondu et pendant ce temp l'ont étoit allé à un village à droite pour chargé faire chargé les fourages que l'ont nous a amené. Il y a eu, tant du côté de l'ennemi que de notre côté, quelque coup de carabine de tiré avec une 10ᵃⁱⁿᵉ de coup de canon, nous n'avons eu qu'une personne de blessé et ne pouvons pas savoir si l'ennemi en a eut de tué, ni de blessé, mais l'ont peut croire qu'ils n'ont pas été sans cela. Tout cela a bien fini en notre faveur; le commandant nous a fait rentré dans nos logement et y avons passé les jours suivant qui sont le 5. 6, 7, 8, 9, 10, 11, 12.

Le traize, notre compagnie et celle du 7ᵐᵉ de Paris avons quitté Langeurvik pour allée à Herchevilere remplacé le bataillon de l'Aine qui étoit parti le matin pour Mastreiq, comme étant les franqueurs de droite et 2 compagnie du 3ᵐᵒ bataillon de grenadiers qui sont venu de Wirvile le même jour pour faire le service ensemble au dit endroit et avons resté au dit bourgue ou village les jours suivants qui sont les 14, 15, 16, 17, 18, 19, 20.

Le 21, le citoyen Garnier, vagemestre de notre bataillon, s'est coupé la gorge avec un rasoire à Aix-la-Chapelle : s'est le 1ᵉʳ grenadier de notre compagnie qui soit mort depuis le commencement de la campagne.

Nous avons resté à Escheville le 21, 22, 23 et le 24 nous sommes partis de ce village pour aller à Wivilere pour y faire le service avec notre bataillon, qui étoit à Languervik jusque à nouvel ordre et y avons passé les jours suivant qui sont le 25, 26, 27, 28.

Mars. — Le premier mars, l'ennemi est venu ataqué le 3ᵐᵒ batᵗⁱᵒⁿ de grenadiers qui occupoit le village de Languervik, avec trente mille hommes ; aussitôt, il a fallu que notre batᵗⁱᵒⁿ se transporta pour protéger la retraite du 3ᵐᵒ, atandu qu'il n'y avoit pas d'autre batᵗⁱᵒⁿ que les nautres ; ils étoit pour lors cinq heures du matin, l'ennemi étant en si grande quantité, ils nous étoit impossible de faire aucune résistance ; au contraire, il a falu batre en retraite en lachant quelque coup de canon et nous sauvée le plus vite que nous avons pu. On nous a fait passé la rivière de Wivilere à pied, ayant l'eau jusque à la sinture ; nous étions au haut du village que l'ennemi étoit au bas. On nous fit retirée bien vite sur la hauteur qui est après avoir passé Eschevilere ; pour y parvenir, il faloit que 2 compagnie se détache pour protéger la retraite des canon ; notre compagnie et celle du régiment Dauphin furent choisie pour cela. Pendant que l'on se retiroit du bourg que d'Eschevilere, nous étions à l'entrée du village qui faisions des feux de file et de ploton terrible; sela dura bien une heure et l'on fit tirée le canon à mitraile ; on leur en tuat beaucoup et nous autres ne perdîmes personne; cependant nous avons failie de perdre une pièce de canon de 8, les cordes s'étant cassée, mais aussitôt les grenadiers la trainairent avec eux ce qui fit que nous nous sommes retiré adroitement de cette affaire sans perdre personne.

Aussitôt que nous fûmes sur la hauteur, l'ennemi se déployant sur trois nombreuse colonne nous ataqua vivement, le feu étoit si vife que nous fûmes obligée de nous retranchée dans le bois et de nous serrée derrière les arbres et tiraliée. L'on nous blessa environ une vingtaine de personne et de nautre côté nous leur en tuâmes beaucoup. Il fallu nécessairement restée où nous étions pour contenir l'ennemi, mais voyant qu'il ne pouvoit nous envelopé, ne pouvant seulement que tirée beaucoup de coup de canon, notre position étoit avantageuse, aussitôt l'ennemi fit défilée deux colonne nombreuse sur Juliée. Les cantonnement de Juliers qui n'étoit pas prévenu de l'ataque ne s'étoit pas retirée, n'ayant point reçu d'ordre ; aussitôt que l'ennemi fut arrivé à eux, au moins trente mille hommes sont sortis de Juliers parmi lesquelles étoient des soldat du Palatin, aussitaut l'ennemi s'empare des avant-postes et bientôt des cantonnement; ils surprirent les bataillons qui y étoient (sans) qu'ils pusent se défendre. Ils firent beaucoup de prisonniers, mais qu'ils achèrent en morceau, parmi lesquelles le 3me bataillon de Paris qui a bien soufert et 3 compagnies du 1er bataillon des grenadiers ont subi le même sort; ces trois compagnies sont l'Indre, la Butte des Moulins et Foy, troupe de ligne. Dans cette affaire, nous avons perdu environ deux mille hommes et l'ennemi peut avoir perdu environ deux cents hommes.

La nuit arrivant, il nous fallut rassemblée l'avangarde à Védenne et de là se rendre à Aix-la-Chapelle; ont fit défillée la troupe et notre bataillon resta pour la retraite de toute l'avangarde : il y avoit tant de confusion dans la route, à peine pouvoit-on marchée ; nous arivâmes enfin à la porte de la ville d'Aix-la-Chapelle à onze heure du soir; les portes de la ville étoit fermée, personne ne pouvoit y entrée, il fallu malgrée que l'on étoit bien mouliée, fatiqué, se couchée dans le milieu d'un champ qui étoit devant la ville.

Le lendemain matin, 2 mars, à 3 heures, l'on ouvrit les portes de la ville et la traversâmes et fûmes passée le restant de la nuit au bois d'Henris-Chapelle par une pluie affreuse. Le jour étant venu, il fallu battre en retraite, les bataillon étant tout écartée des uns des autres ; ainsy les soldats avoit perdu leur bataillon. Nous arivâmes par un temps afreux à Herve ; audevant de la ville, il fallu atendre l'ennemi, il avançat et luy ayant tirée quelque coup de canon, il n'avança pas ; nous fûmes obligée de bivaquée.

Le 3 mars, nous restâmes toute la journée au bivaque, il y eu une petite affaire. Le soir le général nous envoy des ordres pour aller bivaquer derrière la vile dans un champ, sans feu ni sans paile.

Le 4 nous partîmes sitaut le jour arrivée et fûmes nous rengée en bataille sur la hauteur qui est au delà du village de Memez entre Liège et Herve ; l'ennemi nous ataqua très fort, nous lui répondîment de même ; ils voulu s'emparée de nos canon, croyant que nous étions peu de monde, comme il avoit fait à Juillet ; ils se trompa ; aussitôt que les deux escadrons de dragon de Caubourt s'avancèrent pour prendre 4 pièce de canon de huit, aussitôt l'on chargea à mitraile, comme ils s'avancèrent on fi un feu de file au canon et toute l'infanterie fonça bayonnette en avant, faisant feu de ploton, la cavalerie chargeant ; nous leurs détruisîmes ces deux escadron sans qu'ils s'en sauva un et leurs fîmes beaucoup de prisonniers et ne perdîment pas grand nombre et eux perdirent au moins 900 hommes ; nous restâmes sous les armes, croyant qu'ils viendroient nous ataquée pendant la nuit ; point du tout, il nous fallu bivaquer et pendant ce temp l'ennemi défiloit et passoit la Meuse pour venir nous coupée le chemin.

Le 5 mars, on nous fit partir à deux heure du matin et arivâmes au petit jour à Liège et à la porte, ils fallu se battre. Nous traversâmes la ville et fûmes nous rendre dans la pleine de Rosbecq où l'on rassembla toute l'armée et étant une fois assemblée, on nous fit rompre sur cinq nombreuse colonne qui, défilant dans la pleine du cauté de Sintron, nous parvînmes à joindre l'armée autrichienne, ainsi que celle d'Ollande, qui étoit venu pour nous coupée le chemin (1) ; mais leur entreprise fut inutile parce que

---

(1) Sur le désordre de cette retraite ; V. Bricard, p. 33.

nous fûmes arivée avant eux et les eyant joint dans la pleine de Vaucouleur, nous les ataqâmes vivement et eux furent obligée de se retirer. Le soir étant venu, l'ont nous fit retirer sur Saintron ; nous autres qui fesions l'arrière-garde, nous fûmes ataquer sur la route par plusieurs coup de canon et leurs eyant ripostée, ils finirent. Etant arrivée, il nous fallu bivaquée devant la ville et nous passâmes une nuit bien cruelle. (1)

Le 6, le matin étant venu, ils fallu rassemblée l'armée et les forces qui nous étoient arrivée ; aussitôt l'on nous fit marcher sur Liege et l'on forma l'avangarde. Nous changâmes de général : pour lors nous étions de l'armée de Dumourier, cela fut changé en celle de Denpiere et

---

(1) Vers ce temps notre grenadier reçut de son frère qui servait en qualité de gendarme dans l'armée du Rhin une très curieuse lettre dont nous détacherons les passages suivants qui, en un style déclamatoire, bien du temps, peignent le mécontentement de cette arme :

« De Strasbourg, le 28 février 1793,

J'ai reçu votre lettre du 6 courant par laquelle vous me faites part de tous les maux que vous avez essuyés : ji prends toute la part possible.

Je n'ai pas moins souffert de mon côté et n'en suis pas pour cela plus avancé, au contraire, car je me vois à la veille, ainsi que tous mes camarades, d'être sans place et, qui plus est, d'être privé de mon cheval et équipages qui m'appartiennent pourtant si bien.

Vous le dirais-je, la Convention, après nous avoir tout promis, nous met dans la dure nécessité ou de quitter notre corps, en abandonnant tous, ou bien de vivre à la paye insuffisante de 15 sols dont moitié en assignats qui ne valent pas plus ici qu'où vous êtes. Voilà à quoi je me trouve réduit après avoir sacrifié 1500 l. et avoir quitté une place qui me donnoit suffisamment de quoi vivre. Vous ne me conseillerez certainement pas de rester dans un corps que le général Custine veut, non seulement déshonorer, mais encore réduire ceux qui le composent à la mendicité !

Si vous voyiez notre corps, il est dans la désolation ; les uns ne savent où donner de la tête, sans fortune, sans ressource, et pourtant des familles à nourrir ; d'autres ne sachant avec quoi payer les dettes qu'ils ont contractées pour se monter et s'équiper ; d'autres enfin qui ont des 35 à 40 ans de services qui sont obligé aussi de perdre ce service : tout cela fait le tableau le plus pathétique !

Encore si on nous imputoit des crimes et que nous nous fussions refusés à servir la Patrie, nous n'aurions point a nous plaindre du mal que nous nous fussions attirer, mais le seul crime, si c'en est un, aux yeux des généraux, dont nous soyons coupables, c'est d'avoir été trop patriote et trop zélé pour la chose publique. La Convention ne doit pas point ignorer notre situation et cependant elle est sourde à nos cris ! C'est cependant la..... (déchirure) qui devoient faire le bonheur de la République. Ils se taisent quant ils voyent et qu'ils ne peuvent ignorer que 20000 familles sont réduites à la mendicité, c'en est affreux ! De combien de reproches et de malheurs ne se rend-elle pas responsable en agissant de la sorte.

Je finis le tableau, il coûte trop à mon cœur et le vôtre ni sera pas insensible en lisant ma lettre ; je l'arrose de mes larmes, heureux encore de les répandre dans le sein d'un frère que j'aime... »

l'avangarde commendée par le citoyen Lamarche. L'ont nous fit marcher sur cinq colonnes et après nous être réunis, l'ont nous fit retourné bivaqué à Saintron. Pendant la nuit nous tiraliâmes avec l'ennemi.

Le 7 ont fit défilée l'armée et toute l'avangarde et ont nous fit resté pour faire la retraite de toute l'artillerie et pour que l'ont put faire sortir les vivres et toutes les afaires de guerre de Saintron ; l'ennemi vint nous attaquée, mais nous leur tinres tête et nous bivaquâmes.

Le 8 mars nous partîmes à une heure du bivaque et nous évacuâmes Saintron et nous rendîmes dans la plaine qui est devant Acquemont, village à une 1/2 lieu de Tirlamont ; nous y restâmes toute la journée et nous nous tirâmes quelque coup de fusils avec l'ennemi et nous y bivaquâmes.

Le 9 mars ont fit défilée l'arrière-garde derrière Tirlamont et nous autres nous restâmes avec une division de grenadiers de ligne pour garder la ville et l'avangarde ; nous bivaquâmes par une nuit afreuse et pendant ce temp ils fallu nous battre à coup de fusils avec les éclaireur de l'ennemi.

Le 10 mars nous restâmes devant la ville toute la journée et le lendemain matin qui étoit le 11 mars ont vint nous relevée et fûmes rejoindre les autre derrière la ville ou ils faisoit un froit à ne pouvoir y tenir.

Pour lors je quittée la compagnie et je me rendit à Bruxelle où je passai à Tirlemont, Louvain ; j'y est resté le 12, 13, 14 ; le 15, j'en suis partie par la diligence et suis venu par Hal, Braine, Château, Mons, Quévrin, Valencienne, Cambrai, Péronne, Roy, Gournay, Pont-Saint-Maxence et sommes venus à Paris le 18 à une heure après midy.

Finis le 18 mars 1793, comencé le 6 7bre 1792, resté 6 mois 5 jours en route.

Roger DROUAULT

Documents relatifs à l'Histoire du Loudunais, publiés dans Journal de Loudun, 1887-1896. Loudun, A. Roiffé.

Le Loudunais (avec la collaboration de M. BALLEYGUIER, pour la pa[rtie] monumentale), de la collection des **Paysages et Monuments** [du] **Poitou**. Paris, Imprimeries Réunies, 1892, vol. gr. in-folio, 10[9 p.] et 25 héliogravures d'après les photographies de M. ROBUCHON.

Notes inédites sur la famille de Théophraste Renaudot. Sa[int] Maixent, Reversé, 1892, in-8°, 18 p.

Un Philanthrope Poitevin : Théophraste Renaudot. Fontenay-[le-] Comte, 1893, in-8°, 8 p.

Louis Trincant. — Abrégé des Antiquités de Loudun et païs Loudunois. Loudun, A. Roiffé, 1894, in-8°, 56 p.

Inventaire du Trésor du Prieuré de N.-D. de Loudun. Loud[un,] A. Roiffé, 1896, in-8°, 14 p.

Vieux Sints Périgourdins. Périgueux, Imp. de la Dordogne, 18[96,] in-8°, 48 p.

Recherches sur les établissements hospitaliers du Loudun[ais.] Loudun, A. Roiffé, 1897, in-8°, 116 p.

Le repaire de Ramefort ; un document inédit sur la Fronde [en] Périgord. Périgueux, Imp. de la Dordogne, 1898, in-8°, 26 [p.] avec gravure.

Recherches sur le monastère et le bourg de Saint-Pardoux-[la-]Rivière. Périgueux, Imp. de la Dordogne, 1900, in-8°, 200 [p.,] gravure, carte et plan.

Une inscription hébraïque trouvée à Loudun. Paris, Imprime[rie] Nationale, 1901, in-8°, 8 p.

Comment finirent les lépreux. Paris, Imprimerie Nationale (s[ous] presse).

Pour paraître prochainement :

Recherches sur le canton de Saint-Sulpice-les-Feuilles.

Loudun : Vieilles rues, vieilles maisons.

www.ingramcontent.com/pod-product-compliance
Lightning Source LLC
Chambersburg PA
CBHW061008050426
42453CB00009B/1316